MANIFESTE

GUIDE A NOS REPRÉSENTANS

A L'ASSEMBLÉE LÉGISLATIVE,

PAR

UN VRAI RÉPUBLICAIN DÉMOCRATE

Résidant à Lyon.

PRIX : 25 CENTIMES.

LYON.

SE VEND CHEZ TOUS LES LIBRAIRES

ET AUX PETITS BUREAUX DE JOURNAUX

Stationnant dans les rues.

1849.

MANIFESTE

POUVANT SERVIR DE

GUIDE A NOS REPRÉSENTANS

A L'ASSEMBLÉE LÉGISLATIVE,

PAR

UN VRAI RÉPUBLICAIN DÉMOCRATE

Résidant à Lyon.

CITOYENS,

La révolution sociale qui s'est opérée le 24 février 1848 devait être pour le prolétaire. Par son héroïque courage et son sublime dévouement, il a dû briser à tout jamais le dernier anneau de la chaîne qui le tenait encore au tronc pourri de l'esclavage, et conquérir pour toujours son immortelle liberté. Bien des hommes illustres et courageux se présentèrent à la tête de cette grande et magnanime nation, et la proclamèrent en République démocratique, *qui doit bientôt faire le tour du monde.* Sans doute que chacun d'eux en particulier, se croyant mieux inspiré par son opinion et par son savoir - faire pour le bien général, voulut lui servir de guide, sans tenir envers la patrie un compte sévère des graves conséquences de leurs actions et de leurs diverses opinions ; qui seules

enfantèrent ce fatal désaccord qui amena la chute instan-
tanée du Gouvernement provisoire, suscitèrent les tristes
journées de mai, et plus fatalement les journées de juin,
où le sang français, versé par des frères égarés, rougit
de nouveau les pavés de la capitale.

L'histoire aussi se chargera, après la tranquillité européenne, conquise au prix du sang précieux de ces malheureux, mais courageux et immortels enfants, de flétrir ou
de réhabiliter la mémoire de celui qui aura réellement
mérité de la patrie. Mais aussi juste qu'impartiale, elle
saura faire la part des circonstances critiques qui se sont
si précipitamment succédées.

Quel beau piédestal la postérité leur élevait s'ils avaient
su faire respecter au dedans comme au dehors, par un
meilleur accord fraternel, les sublimes paroles du chargé
des affaires étrangères, qui relevaient si majestueusement
aux yeux du monde notre glorieuse bannière tant de fois
flétrie sans réparation éclatante. Alors, comme nous
l'avions proclamé, nous devenions de droit protecteurs
ou libérateurs des peuples opprimés. Qui aurait osé s'y
opposer alors? N'apparaissions-nous pas aux yeux de l'Europe effrayée comme la tête de Méduse. Eh certes! à
l'heure où nous sommes, notre étendard immortel em-
brasserait une grande partie de l'Europe, et nos couleurs
nationales apparaîtraient de la France au plus petit du-
ché jusqu'au plus grand empire, non pour y étendre par
droit de conquête nos limites respectives, mais plutôt
pour ne former qu'un seul réseau tricolore où il n'y aurait plus de limites à prescrire : il n'y aurait que des mains
fraternelles à serrer, car tous les peuples sont appelés
aujoud'hui à briser le joug odieux de servitude et d'esclavage où les tient encore un reste d'ambition tyran-

nique et de vanités orgueilleuses de certains potentats ;
mais que d'efforts généreux et de courageuses victimes
payeront encore de leur sang précieux cette émancipation à leur immortelle liberté. Oh! alors ce triomphe
accompli, frères, quelle glorieuse solennité y il aurait
à faire : une députation de chaque peuple libre avec sa
bannière, se réunissant et assistant à un religieux *Te Deum*
en actions de grâces à l'Être Suprême, qui fut le premier
et le seul vrai républicain du monde, par ses idées et sa
conduite toute fraternelle, et, brisant ensemble le pain de
l'affable et cordiale fraternité qui cimenterait à jamais
l'union et la force de tous les peuples, en entonnant ensemble des hymnes patriotiques dont les strophes immortelles monteraient jusqu'au trône céleste de celui qui nous
donna pour devise sacrée : *Liberté, Égalité, Fraternité*,
et à laquelle nous avons joint *Solidarité éternelle*.

Comme tous les vrais démocrates ne peuvent être élus
à l'Assemblée législative pour consolider l'édifice social,
je crois donc utile de transmettre à mes concitoyens et
frères mes idées, pour opérer sur l'amélioration et le bien-
être de la société, et dont ils doivent, par leur patriotisme
et leur ferme volonté, assurer, après mûr examen,
tout le succès ; car, s'il est un devoir prescrit par le peuple
aux représentants de défendre ses plus chers intérêts, il
est aussi du devoir de ce peuple d'éclairer son mandataire
de toutes ses connaissances sur les maux qu'il endure
et sur les moyens à employer pour cicatriser promptement
cette lèpre hideuse qui ronge depuis si longtemps cette frac-
tion de la société qu'on nomme prolétaire ; mais la tâche
du représentant vraiment démocrate est si difficile à remplir pour le bonheur de tous par les oppositions multiples
qu'il éprouve pour l'accomplissement de son devoir, qu'il

a besoin de toute notre présence d'esprit pour le garder et le faire sortir triomphant de cette lutte incessante de l'aristocratie contre la démocratie. Mais une nouvelle ère équitable et régénératrice luira bientôt en faveur de tous nos frères malheureux ; c'est mon plus cher désir et ma divine espérance.

Malheur à celui qui, dans une circonstance aussi solennelle, et qui, par une insouciance coupable, ne cherche point par ses lumières à servir d'interprète pour soulager la misère commune ; car il ne remplit point la mission sacrée que lui a léguée son frère mourant pour acheter la liberté. Aussi ai-je compris le sublime sacrifice, et, la main sur mon cœur, je prie Dieu de m'inspirer dignement dans mes recherches économiques pour ne pas exciter contre moi la haine de nos frères. J'en atteste ce Dieu qui m'entend, que je voudrais voir tous nos semblables heureux ; *mais il y a bien à faire pour cela.* Je joins tout mon bon sens plutôt que mon éducation à pouvoir, sinon faire, du moins montrer à nos concitoyens qui sont appelés à faire nos lois organiques, toutes les améliorations possibles dans l'intérêt de cette classe laborieuse d'ouvriers, si vraiment digne de l'attention de l'Assemblée législative ; car à elle seule le pouvoir suprême d'améliorer sa position si digne d'intérêt par des réformes sagement appliquées et de grands travaux à son profit. J'en appelle aussi au patriotisme de mes concitoyens, à faire de leur côté ce que je fais du mien ; car il ne s'agit pas toujours de fréquenter les clubs et de persister à se montrer un des premiers dans toutes les réunions pour faire croire à son patriotisme ; c'est à l'œuvre où ils doivent se connaître ; et pour cela, que chacun, en ce qui le concerne, et suivant ses capacités et moyens légaux, apporte sa lumière régénératrice pour le

parfait accomplissement du bien-être social d'où découle-
ront naturellement l'ordre et la tranquillité ; car, sans
eux, point de travail ni de bonheur possible. A force de perdre
un temps aussi précieux à pérorer inutilement et à se pro-
voquer les uns et les autres, la hideuse misère nous ronge
et nous tuera si nous ne nous dépêchons pas. A l'œuvre
donc tous tant que nous sommes, souvenons-nous que
c'est pour la grande famille que nous travaillons, et que
plus nous sèmerons plus nous récolterons ; que chacun
ne l'ignore donc pas, toutes les idées peuvent être bonnes
à prendre ; car, pour monter un édifice il ne faut pas
qu'un architecte, il faut aussi un maçon et un ma-
nœuvre ; et vous voyez, mes frères, que les capacités
sont bien disparates, mais que le concours de tous
est incontestablement nécessaire pour monter l'édifice
social à son apogée. Le terrain vide est devant nous,
les matériaux ne nous manqueront pas, il ne faut que
des bras, vite au travail. C'est pour la parfaite amélioration
de la classe ouvrière que nous travaillerons ; mais point
de haine ni de violence dans nos moyens, rien que de la
justice ; renfermons-nous tout entiers dans ce proverbe :
*Ne fais point à ton prochain ce que tu ne voudrais pas
qu'on te fît*, d'où découle naturellement ce mot sacré :
Egalité pour tous. Faisons-nous aimer de ceux qui nous
craignent, par la prudente modération et la sagesse de nos
œuvres ; car Dieu seul a pu inspirer ainsi tous les peuples
à s'unir par la même pensée pour conquérir l'œuvre
sublime de leurs libertés, et monter graduellement au
faîte du progrès et de l'émancipation européenne.

Les lois organiques, après une bonne et sage constitution, sont les conditions sociales les plus sacrées et invio-
lables qui doivent régler la nation française qui vient de

sé proclamer en République démocratique. (Ici, citoyens, je vous en conjure, laissez affermir solidement cette jeune République; que tous nos efforts ne tendent donc aujourd'hui qu'à obtenir l'abolition générale des priviléges et une grande amélioration à nos maux, car, avec la sainte et généreuse résignation qui nous caractérise, le calme ne tardera pas à paraître. Et n'épouvantons pas pour le moment ces âmes puériles que le seul mot de socialisme effraye par une affectation qui pourrait nous être préjudiciable; car, après tout, le socialisme a ses règles rigoureuses à observer, dont la propriété et la famille sont les limites naturelles et impérieuses; il n'est donc que la conséquence naturelle de la liberté, égalité, fraternité. Ne no usattachions donc plus avec autant d'acharnement à la complication de ce mot.) Les lois organiques doivent donc être mûrement réfléchies pour que leurs bienfaits tombent pour toujours comme les rayons bienfaisants du soleil resplandissant, qui réchauffe et vivifie toutes les plantes de la nature qu'un long orage a couchées et presque pourries sur le sol. Oui, qu'ils tombent sur cette classe laborieuse qui, par sa sueur journalière, alimente tous les trésors de la société, et qu'en réalité elle n'en touche qu'une part si minime, et la sacrifie-t-elle encore pour des impositions exorbitantes et des plus souvent arbitraires, aux dépenses de l'État qu'elle paie presque à elle seule, vu son grand nombre si malheureux, et cependant si puissant en sa volonté et si clément après la victoire, qu'on peut l'appeler avec orgueil, *le Peuple vraiment souverain* ; car il a la seule souveraineté, mais dont on a si souvent méconnu et oublié le pouvoir et les droit sacrés qu'il possède à la table de la vie.

ARTICLE PREMIER. En conséquence, je demande donc

de toute la force de mon âme à cette Assemblée législative, que son acte délibératif soit un premier acte de haute clémence, car la clémence est le plus beau titre qui fasse honorer un pouvoir aussi éminent, tel que celui dont on vient d'honorer 750 des plus dignes citoyens de la République française, par le suffrage universel. Liberté entière pour tous les citoyens malheureux qu'un fatal égarement a rendu criminels envers la société, mais que le châtiment de l'incarcération, l'exil qu'ils ont subi et la perte inévitable de leur avenir social, et la plus cruelle séparation de toutes leurs chères familles, ont assez sévèrement puni ceux d'entre eux qui, par un aveugle égarement, se sont laissés entraîner à ce fatal oubli ; et ceux qui ont cru accomplir, par la sévérité de leurs opinions, un acte de haute justice, sans réfléchir, les insensés ! que c'étaient leurs frères qu'ils immolaient : ceux-là conserveront sans doute dans leur cœur un remords éternel de leur coupable sévérité, remords bien plus affligeant pour celui qui a un sincère repentir, que toutes les peines infâmantes que peut leur infliger la justice des hommes, car elle est celle de Dieu. Ils n'oublieront pas, j'en suis certain, de tenir un compte religieux de la plus vive reconnaissance à cette société qui les absout.

ART. 2. Il y aura un sentiment d'humanité et d'éternelle fraternité, et qui serait pour toujours la fin de nos haines et de nos ambitions dépravées, et plus, le tombeau de nos effrayantes barricades, quand l'Assemblée législative aura accepté, par une loi, que chaque citoyen, quelle que soit sa nuance politique, ayant les capacités reconnues (mais non flétri par aucun des cas prévus par la loi existante), fasse et signe une profession de foi républicaine et vraiment démocratique, alors le peuple avec son impartialité, choisira dans la quantité le nombre de celles qui mériteront le mieux l'honneur de les représenter, et apostillera au bas de chacune des professions la formule suivante : Le représentant qui se sera rendu coupable d'infraction à un article de son programme, qui sera de nature à compromettre l'honneur et la tranquillité du pays, soit par lui-même, ou en se laissant entraîner par l'influence de n'importe quelle coterie politique contraire aux vœux et aux intérêts de la République, sera puni de mort, et sa fortune confisquée jusqu'à parfait remboursement à l'Etat des 25 francs par jour qu'il aura reçus depuis son élection jusqu'à son arrestation (mieux vaut sacrifier un coupable comme exemple, que de nous exposer au déshonneur et à la guerre civile où meurent tant d'innocentes victimes). Si les faits sont moins graves, le minimum de la peine sera du remboursement à l'Etat des 25 francs par jour, et s'il n'a pas de fortune, il perdra pour toujours ses droits civiques en matière de politique seulement.

Alors, on lira à ces prétendants, à haute et intelligible voix, les justes et sévères conditions que le peuple vraiment souverain lui impose ; alors libre à lui de refuser ou d'accepter son mandat. Quand on lui aura lu la formule du peuple, s'il se sent la force et le courage de défendre en tout et partout l'honneur et les intérêts du peuple tant de fois trahis, ils prêteront alors, et chacun séparément, à haute et intelligible voix, le serment suivant : Pour la sécurité de la société entière, et comme garantie que je maintiendrai les droits du peuple qui m'a élu, sur mon honneur et conscience, je jure devant Dieu et les hommes de soutenir par mes lumières, mon courage et mon patriotisme, tout ce que j'ai promis, écrit et signé dans ma profession de foi vraiment démocratique et républicaine, et j'ai accepté de bonne volonté les sévères, mais justes conditions que le peuple, mon seul souverain, m'impose. Vive la république démocratique!

C'est alors que nous rencontrerions des représentants vraiment republicains démocrates; car je ne connais pas d'homme, à quelle nuance de parti qu'il appartienne, qui sacrifie sa tête et sa fortune en aveugle. Pourquoi ne lirions-nous pas cette formule à nos représentants: on lit bien à nos jeunes soldats, quand ils arrivent sous les drapeaux, deux fois par semaines, le code des délits militaires, pour leur rappeler à la fidélité du serment qu'ils ont prêté en passant sous les drapeaux, et des peines qu'encoure le parjure à la désobéissance aux lois du pays et aux règlements militaires, et la formule exigée pour les représentants n'est pas plus effrayante que celle de nos jeunes soldats où la peine de mort est à presque tous les dix articles, et pour des causes bien moins criminelles, puisque la peine de mort est applicable pour un soufflet donné même à un caporal; c'est bien plus sévère que celui qui pourrait susciter une guerre civile. Vous tous, représentants courageux et de bonne foi, vous ne devez pas craindre d'accepter ces conditions; car vous savez aussi bien que moi qu'il n'y aurait que bien-être à attendre si tous y souscrivaient, et que ce serait le tombeau de nos guerres civiles. Pour le bien de l'humanité, acceptez-les donc.

Art. 3. Il y aura justice, quand, par une loi, on imposera au président de la République ou n'importe quel ministre que ce soit, à qui un des membres de l'Assemblée adresse une question tendant à connaître les moyens qu'il prend pour conduire notre politique, tant à l'intérieur qu'en face des cours ou républiques étrangères.

car, qu'ils comprennent bien que par la bouche de ce représentant, c'est la France qui l'interroge et veut connaître sa conduite souvent trop mystérieuse et compromettante pour l'intérêt et l'honneur national.

Qu'ils se souviennent qu'ils ne sont que les mandataires exprès des volontés du pays, et qu'ils ne peuvent pas à leur gré jouer l'intérêt et l'honneur de toute une nation; que nous refusons pour toujours cette phrase banale: *Permettez-moi de me renfermer dans mon pouvoir discrétionnaire.* Cependant la politique nationale exige de la circonspection; on ne peut la compromettre en face des puissances étrangères. Il se formera donc un bureau composé de 45 membres de l'Assemblée (non pas pris au hazard, car cela est souvent trop injuste pour les bonnes causes), mais bien dans les opinions connues, 15 de la droite, 15 du centre, 15 de la gauche; le doyen d'âge présidera et verbalisera. Et c'est dans le sein de ce bureau, qui devra être regardé comme à huis clos, que devra s'expliquer l'interpellé, et montrer les pièces authentiques et tous les moyens mis en usage par lui pour notre politique. Si le bureau le juge convenable, il en saisira l'Assemblée où il se rendrait seul responsable en face du pays de tout ce qui pourrait en survenir de compromettant pour la patrie.

Le représentant qui aura interpellé, sera de droit membre de ce bureau; ce bureau pourra également s'assembler pour prendre connaissance des pétitions et placets qui seront adressés à l'Assemblée, et pourra rejeter ceux qui ne seraient pas dignes d'être lus à l'Assemblée, mais verbalisera quand même.

ART. 4. Liberté, sans aucune réserve, à tous les citoyens, de s'associer et de pouvoir se réunir quand ils le jugeront convenable; sauf le cas où ils feraient de cette liberté une licence qui deviendrait abusive contre le maintien de l'ordre public ; alors l'Assemblée sévirait par une loi contre quiconque aurait enfreint les limites équitables de la justice et de la liberté individuelle qui doivent être la sécurité et la sauve-garde de la société.

Art. 5. Liberté à tous les citoyens de pouvoir exprimer librement leur pensée, toutefois aussi, qu'elle ne sera pas de nature à exciter à la haine et au mépris de la forme du gouvernement que la France vient d'adopter, qui est la République démocratique, ni envers ceux qui la représentent, ni aucuns magistrats, à quel degré de la magistrature qu'ils appartiennent. La société les ayant armé des tables sacrées, sévères, mais inflexibles de la loi ; ils sont parfois appelés à prononcer des arrêts contre tel ou tel délinquant qui leur attire presque toujours la haine de ceux sur lesquels ils ont eu à prononcer, donc obéissance à la loi. Ni envers le bon et digne pasteur qui se contente d'exercer son pieux et religieux ministère, à secourir, par des paroles de paix et de consolations, nos malheureux-affligés qui ont une foi entière dans les divins préceptes du Christ ; dont ils sont chargés de nous transmettre les sublimes vertus ; ni envers le probe et laborieux négociant qui expose sa fortune et sacrifie ses veilles et toute son intelligence à faire prospérer une industrie qui est l'âme et la vie de la société, et qui n'en retire que le produit nécessaire pour élever honorablement sa famile ; ni envers cette brave et loyale armée, *où j'ai été élevé et dont je suis sorti,* dont les soldats sont tous nos enfants et nos frères, qui soutiennent au péril de leur vie, si glorieusement, l'intérêt et l'honneur national ; ne doutez pas un instant d'elle. *car c'est la plus sanglante injure qu'on puisse lui faire.* L'Europe ébranlée n'en doute pas, elle. Et les monarques, dans leur puissance fébrile et passagère, ont toujours un œil inquiet quand ils nous voient avancer de nos frontières. Quoiqu'ils en disent, c'est alors qu'ils commencent à se compter, car ils savent, eux, quand la France a mis son épée dans la balance de la justice, c'est qu'elle doit luire pour tout le monde, et que Dieu soutient toujours notre courage et notre bon droit, et que nous serons toujours les protecteurs de l'émancipation des peuples opprimés.

Que cette liberté de donner un libre cours à sa pensée ne soit donc plus un levier formidable à exciter à la haine des citoyens les uns contre les autres, mais bien une critique mordante, sage et sévère, en des termes convenables, mais énergiques, sans être envenimés, qui rappelle parfois au président de notre République, à ceux de nos ministres et à ceux de nos représentants, qu'ils ne sont que les mandataires exprès du pays, et qu'ils ne doivent pas obéir à l'influence d'aucune coterie, car ils oublieraient par là le caractère inviolable dont les a revêtus le suffrage universel, pour siéger au sein de nos Assemblées nationales.

Que cette mordante critique attache au poteau de l'infamie, en faisant connaître, à la face du pays, le magistrat qui aura fait abus de la force de la loi que le pays lui a confiée.

Tout ecclésiastique, de quel ordre qu'il soit, qui aura oublié la dignité de l'habit qui le décore pour abuser par l'astuce et l'hypocrisie à déshériter de pauvres familles au profit de leurs ordres, et d'abuser par leur influence morale sur des sujets politiques contraires à la République démocratique.

Tout négociant ou agioteur de tout rang qui feraient abus de ses talents et surtout de sa fortune par une cupidité coupable pour spéculer sur la misère publique, et feraient souffrir en travaillant de pauvres pères de familles qui peuvent à peine payer le pain *bis* qu'ils mangent, et que trop souvent l'impérieuse nécessité les force d'avoir recours à un emprunt usuraire du Mont-de-Piété, où l'on fait payer trois fois plus d'intérêt qu'il ne faut, et qui aggrave encore leurs misères; le lâche et déloyal soldat, quel que soit son grade, qui, par son savoir ou par son influence, agirait contrairement à l'honneur et aux intérêts de la République qui le paye, doit obéir aux ordres de ses représentants qui sont les mandataires du peuple qui est le seul souverain. Mais qu'elle stigmatise aussi ces lâches écrivains qui, sans honneur ni conscience, sacrifient tous les liens sacrés de la fraternité à d'ignobles cupidités, et qui deviennent de nouveaux Caïn par leurs écrits faussaires et fratricides en portant à la haine, les uns contre les autres, tous les membres de cette immense famille qu'on nomme société, qui malheureusement se laissent trop souvent entraîner aux meurtres de leurs frères par de fausses doctrines que souffle l'envie de certains hommes qu'on pourrait comparer au reptile exécrable et vénéneux qui se cache dans l'ombre; de tout avoir au détriment d'une classe malheureuse qu'ils se croient le droit de déshériter à leur volonté et à l'aide d'infâmes écrivains qui vendent leurs plumes et leur conscience au plus offrant et au dernier enchérisseur, et qui ne craignent pas de se faire les bourreaux de la société pour une poignée d'or, en servant de marchepied à la calomnie, au scandale et à la licence qui est la mère de tous les abus, avec qui il n'y a pas de liberté possible, parce que la société, pour le maintien de sa tranquillité, est obligée de réprimer de tels écarts; car ils foulent aux pieds le plus beau droit de l'homme policé, la sainte liberté acquise par le sacrifice du sang immortel de nos frères pour la cause commune. A lui plutôt qu'à tout autre devrait appartenir la gloire de rendre immortel l'édifice social qui doit être impérissable pour l'avenir, s'il se servait de son génie pour la consolider, au lieu de l'abattre.

Il y aura justice quand il y aura une loi sévère qui les rendra garants et responsables personnels de leurs écrits, exigeant d'eux qu'ils les signent, au lieu qu'avec le cautionnement ils se cachent tous derrière leur prête-nom, et la justice ni la société ne sont pas satisfaites, parce qu'elles n'atteignent pas le coupable.

Art. 6. Il y aura égalité quand l'Assemblée aura, par une loi, fait rentrer dans la caisse de l'État, le milliard arraché aux prolétaires pour indemniser les émigrés.

Art. 7. Il y aura égalité quand on aura annulé le vote qui alloue six cent mille francs de plus au traitement du président de la République, parce que ce vote est un viol à la constitution ; car il avait été mûrement réfléchi que six cent mille francs devaient lui suffire.

Six cent mille francs pour un seul ; cette somme soutiendrait presque six cents familles.

Art. 8. Il y aura égalité pour tous quand l'Assemblée législative aura, par une loi, aboli le cumul d'emplois dont les émoluments annuels réunis excèdent plus de 2,000 fr. C'est un viol aux lois de l'humanité, parce qu'il ne manque pas de citoyens capables d'occuper ces emplois et qui vivraient aux dépens de cette place, qui enrichit les uns aux dépens des autres.

Art. 9. Il y aura égalité pour tous quand l'Assemblée législative aura décrété par une loi la déduction du dixième de leur traitement, en descendant jusqu'à ceux qui ne re-

çoivent que 4,000 francs de traitement annuel : nos ministres, chefs, sous-chefs de leurs bureaux, ambassadeurs,
secrétaires d'ambassade, directeurs des postes, directeurs
des télégraphes, la haute magistrature de nos tribunaux,
préfets, sous-préfets, receveurs-généraux, tous les employés des domaines de l'État, tels que gardes-meubles,
médailles, bibliothèques, arts et métiers, musées, eaux
et forêts, intendances militaires ; enfin, tous les emplois,
et dont la qualification m'est inconnue, mais qui reçoi-
vent plus de 4,000 fr. de traitement annuel par la République. Loin de vouloir entraver la célérité du service
dans chacun de ces bureaux respectifs, si je demande
l'abolition du cumul d'emplois, c'est pour qu'on y sup-
plée par d'autres citoyens.

Art. 10. Il y aura égalité quand on élèvera le traitement des employés subalternes, suivant l'importance de
leur emploi dans tous ces bureaux, au chiffre de 2,000 fr.
par an, ou minimum des émoluments ; car c'est souvent
tout ce qu'ils possèdent de fortune que leur place : soyons
fraternellement raisonnables.

Art. 11. Il y aura égalité pour le clergé quand, par une
loi, l'Assemblée aura élevé le traitement à 1,200 fr., qui
devra désormais être le minimum de la plus modeste
petite cure de nos campagnes ; car la charité publique
s'adresse souvent à eux. Cette progression suivra la hiérar-
chie des émoluments ecclésiastiques, jusqu'à nos car-
dinaux, qui ne recevront plus que 6,000 fr. net, qui sera
désormais le maximum des émoluments ; car, depuis le
somptueux palais épiscopal, jusqu'à la modeste petite cure
de village, appartient à la République ou à chaque commune. Or, pour chacun d'eux, point de frais de logement ; mais, comme suivant l'Évangile, ils sont les

ministres du Christ , qui ont été envoyés parmi nous pour y prêcher ses saintes doctrines , et ne devant vivre que d'aumônes, nous devons donc les respecter , et nous les recevons plus que charitablement en donnant aux princes de l'Église un bon et beau palais et 6,000 fr. de traitement, au lieu de 40,000 fr. que possèdent quelques-uns de ces prélats , et en élevant les plus modestes à 1,200 fr. ; mais ils doivent aussi eux jurer obéissance et fidélité à la République, qui les paye ; et puisque la société leur assure leur existence, ils lui doivent donc tous les secours de leur pieux ministère que prescrit la religion catholique qui est celle de la République française. Or, maintenant, plus de taxe pour le fidèle quand il se présentera sur les fonts baptismaux pour être fait chrétien , quand il se présentera à l'autel avec sa chaste épouse pour y recevoir la sainte bénédiction nuptiale , et quand la faulx terrible de la mort aura tranché le fil de ses jours, il doit accompagner pieusement ses restes jusqu'à sa dernière demeure sans rétribution ; car c'est pour accomplir tous ces devoirs que la société les paye. Établissez des taxes pour tous ceux qui voudront des pompes à leurs services.

ART. 12. Il y aura haute justice devant Dieu et les hommes quand par une loi on aura retiré les drois civiques, *en matière de politique seulement*, à tout ecclésiastique, de quel ordre qu'il puisse être, car c'est la situation pour lui la plus incontestablement irréligieuse où il puisse se trouver, et impolitique pour la France. Le prêtre n'est-il pas égal à la femme sous la rigide tutelle de la loi ? en cas d'une invasion ou d'une guerre à l'étranger, peut-on jamais lui demander le concours de son bras ? Non, car ce serait compromettre le caractère sacré qui le décore et offenser la religion en l'appelant à la défense du pays ; car nous ne pouvons moralement souffrir dans nos rangs un homme d'une main tenant le fusil qui donne la mort, et de l'autre le Christ, qui doit nous rappeler, au contraire, que nous devons tout souffrir des hommes en humilité de nos péchés, au lieu de nous révolter contre lui. A lui seul donc la sainte mission de nous transmettre, de génération en génération, les divins préceptes de l'Évangile et les sublimes vertus de Jésus-Christ. Que son pieux ministère soit donc honoré partout, lui qui a fait serment de servir Dieu toute sa vie et a fait abnégation de tout sur terre; respectons religieusement nous aussi l'étendue d'un pareil sacrifice en le laissant désormais continuer et finir en paix sa carrière, au lieu de le pousser à se compromettre dans nos luttes politiques.

Art. 13. Il y aura égalité quand on aura par une loi fait des retranchements sur les traitements dans l'armée de terre et de mer. Cependant la patrie ne peut être ingrate envers ces vieux et fidèles serviteurs qui se sont couverts de gloire en sacrifiant leur vie et en versant leur sang précieux pour la défense des intérêts et de l'honneur national, et à qui il ne reste souvent dans leur vieillesse que rhumatisme et une modique pension à peine suffisante pour vivre. Combien en ai-je vu ôter de leur boutonnière le signe honorable de leur glorieux dévouement pour ne pas souiller le signe d'honneur qui les décore, par la honte qu'ils éprouvaient de se trouver si misérablement vêtus et réduits aux dernières extrémités, et cependant couverts de si honorables cicatrices, et incapables de pouvoir travailler, eux qui devraient faire l'honneur de la société; car ils sont pour la plupart les restes de nos vieilles et immortelles phalanges guerrières qui ont porté et fait respecter si glorieusement notre étendard par toute l'Europe. Gloire à eux ! car il n'y a que celui qui l'a courageusement gagné qui craint de déshonorer ce signe d'honneur. Honte à cette société qui se croit quitte envers eux quand elle leur donne à peine un franc par jour pour tous moyens d'existence. Il est vrai que nous avons l'institution non moins glorieuse des Invalides ; mais tous ne peuvent pas y entrer. Il faudrait donc que ceux dont la pension sera reconnue insuffisante pour vivre sans être forcés de faire tort à la société ; car plus de la moitié, par suite de l'âge et des infirmités et le temps précieux de leur forte et belle jeunesse passée sous les drapeaux, ont été empêchés de pouvoir se livrer à aucun état manuel. C'est donc à la République à les prendre sous sa tutelle en donnant aux uns soit une place de concierge dans toutes nos casernes de France, ou dans nos villes et places de guerre; si le nombre de ces places ne suffisait pas, réserver encore pour eux les bureaux de tabac, qui ne sont que trop souvent donnés à la basse flatterie et à quelques privilégiés dont il est temps enfin que la République fasse justice. Cette égalité sera équitable quand elle aura retranché ici, comme ailleurs, sur l'excédant du traitement et son cumul onéreux pour l'état; par conséquent, comme MM. les officiers supérieurs de terre et de mer n'ont point de logement fixe, l'Assemblée, par une loi, retranchera le sixième du traitement à chaque grade supérieur, dont la somme annuelle s'élèvera à six mille francs, pour les pensions de retraite, ou suivra progressivement en partant du chiffre de quatre mille francs qui en sera le minimum.

Pourquoi augmenter à un chiffre aussi élevé les indemnités qu'on accorde à tout officier supérieur quand il prend un commandement quelconque, ou qu'on le charge d'inspecter nos troupes: prétent-on payer le service qu'il rend : il est déjà payé pour le faire. Quand le soldat reçoit un ordre, il doit marcher, seulement on est redevable envers lui d'une indemnité proportionnée à sa position, quel que soit son grade ; parce que sa solde de station ne suffirait pas pour sa route, sans l'exposer à faire tort à la société qu'il doit défendre. Que le gaspillage d'argent cesse donc, la République a grandement besoin d'économie, car elle a des dépenses plus précieuses à faire pour ces malheureux enfants qui n'ont que trop longtemps été déshérités de leurs droits naturels.

ART. 14. Il y aura égalité pour tous quand, par une loi, on aura fixé, par un tarif équitable, comme il existe pour les boulangers et tant d'autres industries, et toute espèce de marchandises qui sont bien aussi la propriété individuelle, la location des immeubles, en proportionnant dans une juste mesure l'avantage incontestable de la commodité et de la jouissance de la boutique et de chaque étage, en mettant en compte l'entretien desdites maisons et les impositions qu'elles doivent à l'Etat, pour fixer à son propriétaire un modeste et légitime revenu. Ne vous récriez pas, MM. les propriétaires, je veux de la justice pour tous, mais qu'il ne soit plus fait d'arbitraire, comme je l'ai dit et prouvé; je ne veux point de licence, car avec elle, point de liberté ; renfermez-vous dans la vôtre, et comprenez celle de vos semblables, et vous tomberez naturellement dans la justice. Je suis ouvrier, et n'ai que le produit de ma journée pour élever ma famille; avec le prix que l'on me donne, je ne puis certainement pas espérer acheter une maison, je ne puis vivre comme une bête fauve, car la société se mettrait à votre piste, comme on fait d'un chien enragé, l'humanité veut donc que vous me logiez ; mais si vous me demandez, pour un modeste logement proportionnellement plus que je ne peux gagner par jour, car un célèbre orateur a dit à la tribune, qu'un homme pouvait vivre avec 1 fr. 50 cent. par jour, si cela est vrai, je ne sais *véritablement pas pourquoi nous , hommes du peuple, nous leur donnons 25 fr. pour faire si peu de bon ouvrage.* Passons alors, si cet ouvrier est marié, il lui faut 3 francs, s'il a un enfant, 50 cent., cela fait 3 fr. 50 cent. par jour, qu'il lui faut pour vivre : comptez maintenant, s'il est possible, combien il y a d'ouvriers qui gagnent moins et qui ont plus d'un enfant à nourrir; maintenant il faut extraire les journées qu'on ne travaille pas; telles que les dimanches, les grandes fêtes observées, les journées perdues par l'inconstance des saisons; additionnez, et quand j'aurai prélevé le prix de notre nourriture, chauffage, éclairage et l'entretien de nos vêtements, heureux si je peux vous payer, et vous verrez combien il me reste, au bout de l'année, à mettre à la caisse d'épargnes, pour soulager ma misère et mes infirmités, celles de ma femme et de mes enfants. (Je sais que la philanthropie du jour ne veut pas voir la misère mendier dans les rues, elle donne aux bureaux de bienfaisance, elle donne pour entretenir le Dépôt de mendicité. Il y a bien aussi un établissement plus honorable, c'est l'hôpital de la Charité, mais on ne peut y entrer qu'à tour de rôle, souvent un pied dans la tombe et l'autre à la porte de cette Charité, et pour avoir cette insigne faveur, il faut être âgé de 65 ans, non pour y entrer, mais bien pour y être inscrit; car on y entre qu'à 70 ans, et comme il n'y a que tant de lits à disposer, il faut attendre que les uns meurent pour prendre leurs places, ô humanité, humanité!)

Vous voyez par ce simple exposé que, si vous vous

renfermez dans votre droit de liberté en demandant le prix qu'il vous convient pour la location de votre chambre, sans doute que vous en êtes les maîtres, il n'y a pas de loi, ni règlement qui vous taxe, et moi, pauvre ouvrier qui pour me préserver des intempéries et pour conserver ma famille, faute d'avoir un modeste réduit qui m'appartienne, où je puisse reposer mes quelques heures que me donne l'intervalle du soleil couchant au soleil levant, pour reprendre mes travaux journaliers, je suis forcé de souscrire à vos exigences, et si un chômage inattendu ou une maladie atteint un des membres de ma famille, me force à faire des sacrifices pour conserver leurs précieuses santés, ou de les abandonner aux soins trop souvent peu charitables de ces grands établissements, bien connus par l'ouvrier, qui inscrivent pompeusement en lettres d'or sur leurs frontons, Hôtel-Dieu, ou Hospice de Charité, mais que trop souvent on ne rencontre de charité que le mot inscrit sur le fronton de la porte; voyant que le produit de ma pénible et laborieuse journée ne peut suffire pour que je remplisse les conditions de mon bail, et tenant à honneur de le remplir, voulant, en croyant user de mon droit de liberté, vous demander une augmentation, quelle est votre réponse? Que vous ne me payerez pas plus que le tarif; mais si le prix de ce tarif, qui n'a pas tout prévu, ne peut suffire à mon existence, je crie à l'arbitraire, on me saisit, on m'incarcère comme un chef de désordre; alors la justice agit, et n'ayant pu remplir les conditions de mon bail, si le propriétaire est charitable il attendra un peu, ou il me mettra dehors et fera vendre mon modeste mobilier par autorité de justice.

Voilà jusqu'à ce jour le tableau, sans amplification, de votre justice, MM. les propriétaires, chefs d'ateliers et au-

trés, et l'étendue de votre pouvoir, Messieurs; mais fraternellement parlant, vous voyez bien que cette justice
est injuste, et qu'alors la liberté n'existe pas; Car si vous
êtes libres de demander le prix qu'il vous convient pour
votre appartement qui est votre inviolable propriété, ne
dois-je pas, moi aussi, avoir le droit inviolable de faire
payer la sueur et l'usure de mon corps à votre profit; car
jusqu'à ce jour, que m'avez-vous donné, à peine de quoi
avoir quelques livres de pain bis, rarement de viande,
car elle est trop chère; un mauvais vin qui paie plus
d'entrée qu'il ne vaut, et dont on me reproche si inso-
lemment, encore un verre que j'aurai pu boire de plus,
qu'à mon ordinaire; car je ne me cache pas, moi,
quelques mauvais vêtements qui me couvrent, que je dois
le plus souvent à l'étalage d'un fripier qu'à un tailleur, à
moins qu'ils ne soient de pacotille; et un gîte souvent in-
salubre où je gagne des souffrances intérieures; joignez-y les
privations que souvent j'endure et les fatigues de mon
état; voilà le fidèle tableau de ma vie, dites si c'est là vivre. Mais comme je le disais plus haut, la philanthropie
du jour qui ne veut pas voir de misère dans la rue, lui
a assigné des demeures dont les unes ne sont que des
cloaques d'impuretés, et les autres, le dépôt de nos infirmités, pour de là être disséqués et rentrer en lam-
beaux dans la tombe, où nous trouverons l'égalité. Voilà
notre vie à nous, peuple souverain, n'est-il pas dérisoire
d'avoir une existence pareille et un titre aussi pompeux, et
rien n'est exagéré; il est vrai que de part et d'autre il y a
des exceptions; mais le fond est toujours le même, cela
ne peut durer plus longtemps sous peine d'un châtiment terrible. Malheur à ceux qui ne feront rien pour faire cesser cet
état de souffrance; ou qu'une loi sagement équitable éta-

blisse nos droits à chacun de jouir en liberté dans les limites rationnelles de la légalité, aux uns de leurs pro-
priétés et en assurant aux autres de pouvoir vivre en travaillant; il y aura justice et égalité pour tous; plus de
priviléges pour les enfants de la même famille en Jésus-
Christ.

ART. 15. Il y aura égalité pour tous quand, par une loi,
tout citoyen de la République française et celui des étrangers qui habitent son sol, se livrant à une insdustrie quelconque, paiera impôt à l'Etat, progressivement au produit net des bénéfices, réalisés annuellement par son industrie ou profession, ce dont on pourrait facilement
s'assurer en exhibant son grand livre de commerce qu'on
serait par-là tenu de tenir en règle; sous peine encourue
par la loi comme frauduleux contre l'Etat.

Le bureau du percepteur des contributions serait spé-
cialement chargé de ce travail. MM. les percepteurs se-
raient assermentés et responsables envers l'Etat de la
fraude préjudiciable pour le trésor, qu'aurait pu amener
la non exactitude de ce travail, en cautionnant une
somme déterminée par la loi, qui serait fixée proportionnellement à leurs recettes, et dont la rente ne leur serait
payée qu'à 3 p. 0[0.

Ce bureau rendrait de grands services à la société, et
empêcherait bien des banqueroutes frauduleuses; car
alors qu'un commerce diminuerait, ses chages sur l'Etat
suivraient le même cours, et, pour qu'il n'y ait point de
fraude, 15 jours avant la fin de chaque trimestre et avant
que de payer les impositions, une revue des livres serait
faite, car d'un trimestre à l'autre, l'on peut diminuer
ou augmenter ses affaires, et par ce moyen bien simple,
plus de taxe arbitraire, l'Etat et les citoyens y gagneront

en justice et en égalité, au lieu que la taxe fixée sur la valeur locative, est très souvent arbitraire envers les ci-toyens et injuste à l'Etat. La preuve, c'est que bien des petits commerçants font toute espèce de sacrifice pour se loger dans des quartiers où ils espèrent mieux faire leurs affaires. MM. les propriétaires qui ont toujours été habitués de recevoir des prix très élevés de la location de leurs magasins, ne veulent pas diminuer, et von$_t$ vantant l'excellence du quartier et tout l'avantage qu'il possède, alors le petit marchand, que des mau-vaises chances qu'il a subies, poussent presque dans l'impossibilité de ne plus pouvoir continuer son commerce, hazarde tout en acceptant les exhorbitantes con-ditions du propriétaire, dans l'espoir que ce nouveau quartier le relèvera, et alors souvent une année suffit pour l'enterrer, parce que son commerce n'a pas aug-menté, car il n'y a pas que le propriétaire qui le tue, les frais d'agencements, l'augmentation de la patente, évaluée sur la valeur locative, tout cela y a contribué.

Autre preuve, vous voyez dans toute nos villes de très grands commerces se faire dans de très vilaines rues, même dans des arrières-magasins et presque des cours ou caves, tous ces commerçants n'ont pas besoin de luxe, ni de frais de magasin pour réaliser de gros bénéfices; ceux-là, aussi, payent suivant la valeur locative, qui n'excède presque jamais 4 à 600 francs, tandis que le plus modeste petit magasin coûte de 8 à 1,200 francs, sans logement salubre, que très souvent une petite soupente manquant d'air sain, car il est corrompu par la fumée du gaz (*autre monopo-liseur qu'il serait temps de détruire le privilége qui nous exploite depuis si longtemps à son profit*) qui nous rend ces logements si malsains et contraires à la vie; croyez-vous qu'il ne serait pas plus équitable d'établir cet impôt sur le produit net que sur la valeur locative, il y aura donc égalité pour tous quand cette loi passera ; au lieu de s'en rapporter le plus souvent à l'insouciance d'un employé subalterne, chargé du recensement, et qui ne vient pas deux fois tous les six ans chez vous pour s'assurer de votre position, vous avez été inscrits sur les rôles dans un moment d'aisance, vous devez toujours payer le même prix. Non, il ne peut plus en être ainsi, nous voulons du progrès, mais par-dessus tout de la justice pour tous et pour l'Etat, car si tout le gros négoce payait, le petit ne payerait pas autant, et par cette mesure de précaution et de justice, comme tous doivent payer impôt, colporteurs, marchands ambulants, boutiquiers, négociants, maîtres de grandes industries, tel que chemin de fer, mines, machines et bateaux à vapeur, canaux, et tant d'autres exploitations, banquiers, agents et bureaux de change, notaires, avoués, avocats, huissiers, audienciers et huissiers-priseurs, médecins, architectes, courtiers de commerce, poètes, artistes en tous genres et en général toute espèce de profession qui spécule par leur industrie (*le journalier et le domestique étant exceptés*), doivent avoir des livres de commerce.

Tous les citoyens étant égaux devant la loi, ils doivent donc supporter avec une égale justice les charges de l'État chacun dans sa quote-part et au *prorata* du produit de son industrie : le centime du marchand ambulant aussi bien que le billet de mille francs du banquier, doit être reçu par l'état ; devra également payer tout capitaliste, car il agiote sur les fonds publics ; et tous ceux-là doivent avoir des livres aussi pour s'assurer des bénéfices qu'ils auraient pu réaliser ; il doit payer également sa quote-part d'impôt, car *tout le commerce ne se fait point en boutique*, et, pour exploiter toutes ces industries, ils n'ont besoin que d'argent pour outils. Payera aussi un impôt de 2 pour 100 sur son traitement ou rentes, seront exceptées celles qui ne passeront pas 2,000 f. par an, tout citoyen soldé par la République ; sera excepté tout militaire en activité de service : il est si agréable de se retirer des affaires, et ce serait au moment où ils peuvent le mieux payer, qu'on leur ferait grâce. Quand l'humble décrotteur du coin de nos rues, qui, en se levant ne sait pas s'il gagnera de quoi manger, *lui déjà si sobre*, et qui paye près de douze fr. par an. Mais cela ne peut être sous une bonne république, et, quand cette loi aura passé, il y aura justice égalitaire. Il serait de toute équité de taxer l'éloquence de l'avocat pour l'ouvrier et le prix de visite de nos médecins.

Il y aura justice égalitaire quand on interdira, par une loi, tout travail manuel qui se fait dans les communautés religieuses ou maisons de détention, qui soutirent par leur main-d'œuvre l'ouvrage et l'existence des pères et mères de famille ; ils ne pourront s'occuper que de ceux utiles pour l'usage de leur maison.

ART. 16. Il y aura égalité pour tous quand, par une loi, on aura aboli le remplacement militaire, car l'impôt du sang doit comme l'impôt financier, atteindre tous les citoyens d'une même République, le sort seul doit décider de la faveur de rester dans ses foyers. Car l'humble mère de famille est aussi joyeuse de garder son fils près d'elle que madame la Comtesse dont il fait l'idolâtrie ; et alors, si l'armée était composée de tous les enfants de la même société sans distinction de rang, on verrait peut-être moins de complots et de guerres civiles suscités par certains hommes, car ils auraient la vie de leurs propres enfants à

préserver, à moins cependant qu'ils ne soient tout à fait dé-
naturés. Qu'on ne vienne pas dire que le remplacement fasse
du bien à la société, même au remplaçant, car très souvent ce sont de mauvais soldats, *je dis mauvais soldats
envers la discipline militaire*, et l'on ne rencontre pas
dans l'armée, sans crainte d'un démenti (à moi qui suis
enfant de troupe), un cinquième à qui l'argent de son
remplacement a fait un usage honorable, parce que la
débauche et la prostitution en enlèvent plus de la moité avant
presque d'être sous les drapeaux, cela ne profite donc
qu'à cette classe d'hommes qui se font marchands de
chair humaine, et que nos mœurs et notre progrès ne
nous permettent plus de souffrir plus longtemps, car c'est
le privilége des riches, et nous n'en voulons plus : *un
peuple vraiment souverain meurt, mais ne se vend pas*.
Pour qu'il y ait justice égalitaire, nous ne voulons pas
briser la carrière qu'aura pu choisir notre belle et coura-
geuse jeunesse, en la forçant de se rendre sous les drapeaux, et par là, perdre leur avenir. On fixera donc à
cinq années le temps à passer sous les drapeaux, sauf en
rentrant dans ses foyers, pendant au moins trois années,
à être tenu à quelques revues et exercices qui auront lieu
une fois tous les trois mois dans chaque commune, chef-
lieu de canton, village, bourg, hameau, pour mainte-
nir nos forces physiques et morales à la hauteur du courage et de la valeur que nous ont transmis nos glorieux
ancêtres, en cas d'une invasion, ou d'une provocation de
guerre par l'étranger, car à 25 ans qu'on sortira de
sous les drapeaux on aura mûri ses idées et on aura ac-
quis une force vraiment mâle qui fera aussi l'honneur et
la gloire nationale.

ART. 17. Il y aura égalité pour tous les citoyens de la République dont les capacités seront légalement reconnues, de pouvoir entrer gratuitement dans quelques écoles des différentes institutions ; que ce puisse être, suivant le goût de l'élève ; mais que tous les instituteurs à quels degrés qu'ils appartiennent, prêtent serment de n'enseigner à leurs élèves aucun principe qui les fasse jamais haïr la République, ni aucun de ceux qui la représentent ; en cas de contravention qu'il y ait une pénalité contre les délinquants, puisqu'ils sont à la charge de la république, ils lui doivent fidélité et que l'instruction soit gratuite pour tous.

Art. 18. Il y aura égalité pour tous et bénéfice pour l'Etat, quand on aura fait une révision complète sur toutes les pensions et retraites, à la charge de la République, et une enquête sur les motifs qu'ils les ont fait allouer, car, s'il y a des motifs assez puissants pour que l'Etat secourre par une pension de retraite les bons services rendus à la patrie, ou des malheurs éprouvés au service de l'Etat par nos hommes de génie qui ont illustré et glorifié notre belle France, il est très juste que la patrie leur en soit reconnaissante ; mais aussi que de pensions et retraites dues aux commérages de certaines coteries et à de vils adulateurs, et à la prostitution de certaines danseuses de l'Opéra, et tant d'autres qui me sont inconnus, mais qu'une sévère révision des titres feraient facilement connaître au pays. Comment l'Etat entretiendrait-il dans le luxe, et l'aisance, et la mollesse, et la dégradante oisiveté, certaines gens qui ont été protégés et favorisés par MM. les ducs et comtes de...... ; par ces finances arrachées à la sueur du peuple à qui on prend tout, et qui trouve à peine quelques voix sérieuses au sein de nos assemblées, pour lui apporter le plus faible des soulagements si nécessaires à sa vie. A vous, hommes de progrès, de faire cesser au plus tôt un tel abus et de trancher largement dans le superflu pour secourir le manque du nécessaire, il y aura réellement égalité quand cette œuvre de haute justice sera accomplie.

Art. 19. Il y aura égalité et fraternité pour et entre tous quand on aura institué des hôtels d'invalides pour le laborieux travailleur, où il puisse trouver comme aux invalides militaires, tous les soins et le respect qu'exige leur position : pour tous les vétérans de cette armée immense d'ouvriers laborieux, qui ont donné pour le bien commun toute leur intelligence et la force de leur jeunesse, à enrichir les trésors multiples de la société, et dont ils n'ont pu malheureusement jamais assez amasser pour avoir seulement un modeste chaume qui soit leur patrimoine particulier. Mais pour que ces établissements soient vraiment philanthropiques et plus paternellement institués que ceux qui existent, établissez dans chaque ville, village, bourg, hameau, une maison de refuge, sur le fronton de laquelle vous placerez avec orgueil : *Aux ouvriers laborieux, la patrie reconnaissante.* Car si vous éloignez sur le déclin de la vie ces vieillards de toute leur famille, c'est tout ce qu'ils ont de plus cher au monde, vous ne remplissez que la moitié de votre but. Laissez donc dans chacune de leur commune ces vieillards heureux, d'être sur leurs vieux jours, honorés à l'abri de la misère, entourés de leur famille et de tous leurs enfants, pouvant les embrasser à toute heure. Oh! dites moi si ces frères malheureux, en quittant la vie, ne remercieront pas Dieu des douceurs ineffables des bienfaits que la société leur aura procuré dans leur vieillesse.

Art. 20. Il y aura solidarité pour tous, quand on aura créé

dans chaque département une ferme agricole modèle, où l'on
y enseigne tout ce qui a du rapport à l'agriculture ; hor-
ticulture , à élever et soigner nos bestiaux de boucherie
et de labour ; il sera fait par chaque directeur un rapport
des moyens qu'on aura employés et des progrès obtenus
qui servira de texte à un journal *économique agricole* ,
qu'on enverra gratis à chaque maire de village et hameau,
pour qu'il fasse assembler une fois au moins par semaine
tous ses administrés pour leur lire et expliquer un nu-
méro de ce journal, conjointement avec le maître d'école;
car il devra y avoir aussi dans chaque bourgade une école
gratuite dont la commune se chargera de fournir et
entretenir un local sain où le professeur soit logé , mais
dont le traitement , livres , papiers, etc. , serait à la
charge de la République , auquel il aura prêté serment
de fidélité ; leur traitement minimun sera de 600 francs
par an.

Il faudrait aussi que le gouvernement cherchât par tous
les moyens à lui possibles , soit en donnant des primes d'en-
couragement ou autres , à celui qui trouverait le moyen
de pouvoir livrer nos bestiaux de boucheries à meilleur
marché ; et à ôter tout à fait l'impôt d'octroi qui pèse
sur les viandes ; pour que la classe ouvrière puisse jouir
du prodigieux bienfait que fait à l'homme qui travaille ,
une nourriture fortifiante et salutaire au corps ; tous les
travaux s'en ressentiraient et le nombre de nos malades
diminuerait dans nos hôpitaux , car la nourriture dont
font usage ces malheureux , les conduit souvent à l'hospice. Dans nos campagnes , il y en a qui ne mangent pas
de viande deux fois par mois , elle est trop chère , et les
bouchers de nos campagnes n'abattent pas , et s'il n'y
avait plus de droits , tout le monde en ferait usage et s'en

porterait bien mieux. Voyez plutôt nos soldats, dont c'est
la seule nourriture, et elle est tellement reconnue salutaire à la vie, que l'Ecole de Médecine la prescrit dans
tous les hôpitaux et où il y a agglomération. Ainsi, que
cet impôt cesse donc pour le bien de l'humanité.

ART. 21. Il y aura égalité, comme pour le haut commerce,
quand on aura institué une banque philanthropique pour
servir au petit commerce en général des villes comme
des campagnes, aux fermiers et petits propriétaires où
ils puissent trouver, au besoin, des fonds nécessaires dans
certains cas, car le petit commerce qui a souvent tout
son avoir en marchandises, si la vente sur laquelle il es-
père pour se nourrir, renouveler ses marchandises, et enfin remplir ses engagements envers la société ne s'effec-
tue pas, son propriétaire ni ses fournisseurs ne sont forcés
de lui en tenir aucun compte, il leur faut de l'argent à
échéance ; s'il ne peut leur en donner, ils poursuivent, et
souvent la suite amène la vente par autorité de justice ;
tandis que dans un moment de gène (ou tout commer-
çant se trouve journellement, sans pour cela être mal
dans ces affaires), il pût emprunter une petite somme
suivant l'importance de son avoir et de son commerce ;
dont cette banque pourrait facilement s'assurer de la moralité et de la bonne gestion de ses affaires au bureau des
impositions, dont un des inspecteurs serait tenu de leur
donner gratis, s'il y a lieu, une attestation de leur sol-
vabilité, suivant la somme par eux demandée, puisqu'ils
les visiteraient tous chaque trimestre, et par là satisfaire
momentanément à ses engagements sans se voir pour-
suivi et ruiné souvent par un créancier impitoyable, car
aujourd'hui il ne trouverait pas seulement 5 francs à emprunter sans avoir 2 ou 3 signatures qui cautionnent

pour lui , et certes , il lui est impossible de se les procurer, car il n'y a que le Mont-de-Piété qui puisse lui prêter, non sur signature , mais sur nantissement dix fois plus considérable que la somme à lui prêtée , et à dix ou douze pour cent , et nous nous récrions contre les usuriers , ce sera donc un acte de haute justice quand cette banque sera instituée ; mais sans distinction de commerce, pourvu qu'il y ait moralité et bonne gestion. Pour le cultivateur même formalité, bonne gestion et moralité; l'importance et les conditions de son bail serviraient de base pour lui limiter son emprunt. Pour le petit propriétaire , le bureau d'enregistrement des domaines et celui des hypothèques seraient tenus de donner gratis un bulletin de l'avoir du demandeur , qui servirait également de base à sa demande.

ART. 22. Il y aura justice quand on décrètera une loi, *dite impôt du luxe*, où payeront toutes voitures et chevaux qui sont reconnus comme luxe, payeront comme luxe l'excédant de deux domestiques , un mâle et un femelle ;

Payeront comme luxe, tous les chiens de chasse et d'agrément , ne seront exceptés que les chiens de garde , basse cour, chiens dit de berger et d'aveugle.

Payera comme luxe le gibier. Laisser le prix des droits existant sur les liqueurs , vins fins et étrangers ; réduire à 10 fr. d'entrée la bareille de vin ordinaire quand il aura trois ans d'âge ; mais supprimer de toute espèce d'impôt le vin ordinaire, jusqu'à l'âge de deux ans ; car on peut voir une année stérile. Comme c'est la seule boisson de l'ouvrier , et que sa journée est si minime, il est juste qu'en compensation de son infortune on lui accorde ce privilége ; et ce serait la seule loi qui serait véritablement pour l'ouvrier.

Art. 23. Il y aura égalité pour tous à laisser toutes les grandes entreprises à la charge de la société. La République ne peut monopoliser, car c'est un viol au droit des citoyens ; mais elle a le droit de requérir, dans un cas majeur de pénurie de denrées de bouche, matériaux, marchandises, transports militaires ou civils, tout propriétaire ou compagnie de bateaux à vapeur, wagons de chemins de fer, sauf à leur tenir compte, comme pour tout transport ordinaire, de toute espèce de marchandises au cours du jour.

Mais détruire pour toujours les *accapareurs*, de quelle nature de denrées et marchandises que ce puisse être, quand ils ont pour but de monopoliser et de vouloir spéculer sur la misère publique.

Art. 24. Comme tous les citoyens d'une république sont solidaires envers la patrie de toutes ces dépenses, tant ordinaires qu'extraordinaires, l'Assemblée décrétera, par une loi, que dans le cas où la République se trouverait avoir besoin d'argent, elle n'aura plus recours à l'emprunt usuraire des particuliers, qui devient ruineux pour l'État, et qu'à l'avenir il y aura un emprunt forcé à prélever, suivant ses besoins, mais dont le maximum sera le cinquième sur le revenu brut des fortunes privées à prendre sur toutes les têtes majeures, auxquelles on délivrera des titres sur le trésor, des sommes par eux versées, et dont l'État ne leur payerait qu'à 3 pour 0⁄0 d'intérêt. (*Extrait de l'ex-journal de Lyon*, la Constitution).

Art. 25. Si les ressources de l'État ne suffisent pas pour couvrir sa dette après avoir fait le calcul de toutes les retenues des traitements, *supprimer, s'il y a lieu, après vérification préalable, les retraites ou pensions illégales,* recouvrer les impositions progressivement au revenu brut

de toutes les professions productives, et les rentiers qui
n'ont encore rien payé jusqu'à ce jour, y comprises celles
qui ont toujours payé, et la rentrée du milliard; il faut
donc décréter au plus tôt cette loi pour amortir la dette
publique, en commençant à payer le 5, le 4 1/2, le 3 1/2
et le 3, qui sera le dernier à payer. Alors la France pourra
être au pair avec ses recettes et dépenses, et de là prospérité
générale; car il y aurait égalité.

ART. 26. Qu'à l'avenir les droits prélevés par le Mont-
de-Piété sur l'engageur ne dépassent jamais 5 pour 0/0.

Je ne puis chiffrer le produit des retranchements économiques et nouveaux imposables que je propose, attendu
que je n'en connais pas le nombre; mais que dans chaque
bureau de ministère ce décompte se fasse, et vous verrez
de merveilleux résultats.

Maintenant, que ceux de mes concitoyens qui auraient
d'autres idées de réformes utiles à la société, tout en se
renfermant dans les limites de la juste égalité, fassent
comme moi, c'est un service éminent qu'ils rendront à
la société!

On ne me traitera pas d'utopiste; car le sentiment le
plus profond de la fraternité m'a seul inspiré; presque tout
est réalisable, sans changer aucun ordre de choses de la
société, sinon que d'ôter au superflu pour donner au
manque du nécessaire.

Si tout ce que j'ai tracé s'exécutait, la société ne serait-
elle pas moins envieuse des uns des autres, moins
haineuse des uns contre les autres, et, par conséquent,
bien plus heureuse en général; car, dans toutes ses actions, serait empreint du cachet de la Liberté, Égalité,
Fraternité et Solidarité.

Mais, si je devais être victime de la haine de mon semblable, pour avoir eu le courage et la volonté de lever le voile qui nous a caché jusqu'à ce jour la déesse de la vérité, je suis résigné au sort qui peut m'attendre ; car c'est sans haine ni envie que je l'ai fait, mais bien plutôt dans l'intérêt des souffrances qu'endure depuis si longtemps la classe où je suis né. Que la volonté de Dieu s'accomplisse ; donc, c'est en lui que je place toute mon espérance de bonheur. Seulement, si je devais être victime de ce dévouement, je recommande ma femme et mes enfants à la France, qui m'a déjà élevé : il est juste que je me dévoue pour elle qui fut ma mère nourrice et adoptive.

Élevé à l'école du malheur, je n'ai pu qu'y puiser de profondes et fraternelles leçons ; car, trouvé, en 1809, sur un champ de bataille, en Prusse, où je venais de naître, recueilli et élevé par un soldat français qui me servit de père, *que la mort m'a ravi*, me fit enregistrer comme enfant de troupe sous les drapeaux de la France, qui devint ma mère nourrice et ma belle et glorieuse patrie adoptive, n'y aurait-il pas ingratitude de ma part, aujourd'hui, que je me sens plus que jamais toute la force et le courage de lui être utile, de ne pas le faire ? Oh oui ; mais ce germe de lâcheté n'a jamais existé dans mon cœur. Je ne sais si le sang qui coule dans mes veines est français, mais, ce que je n'ignore pas, c'est que l'amour de la liberté, égalité, fraternité et solidarité, est un germe qui a, sans doute, pris racine dans mon cœur quand j'ai touché le sol français. Le premier élan de liberté qui s'est fait sentir dans mon jeune cœur, c'est à Givet (Ardennes), première ligne de nos frontières belges, où j'étais en garnison, faisant partie alors du 31ᵉ régiment d'infanterie de ligne, où je restai jusqu'à l'âge de 26 ans. Un matin, au retour de l'exercice et après la lecture des journaux de

Paris, j'appris tout ce qui se passait dans la capitale. Nous étions sept musiciens, et, d'un mouvement spontané, nous arrachâmes nos pompons et cocardes blanches de nos schakos; nous décousûmes les fleurs-de-lys des basques de nos habits. Comme nos moyens ne nous permettaient par d'acheter un drapeau en étoffe, nous en fîmes un en papier, aux trois couleurs; nous traversâmes le marché (il était onze heures du matin) avec notre bannière improvisée pour la monter à l'Hôtel-de-Ville, mais M. le Maire s'y refusa, en disant qu'il n'avait pas reçu d'ordre. Nous voulûmes le monter au clocher, le curé s'y refusa; nous l'attachâmes donc à un anneau du réverbère, au mur de l'église qui est sur la place d'armes, où il resta. Alors la foule ébahie et curieuse qui nous entourait nous prit bras-dessus bras-dessous et nous mena presque en triomphe par les villes de Deux, Givet, et de là à notre caserne, où une remontrance juste mais sévère de notre colonel nous attendait; mais cet élan patriotique de jeunes soldats avait réveillé celui des citoyens, et, le soir, malgré le maire, les couleurs nationales flottaient sur la municipalité, où il y eut également une garde nationale, que notre généreux patriotisme avait fait improviser. Mais nous pouvons dire avec orgueil que c'est nous qui plaçâmes les premiers les couleurs tricolores, en 1830, sur les murs de Givet. Aussi reçumes-nous toutes les marques de la plus sincère sympathie et du plus pur patriotisme de la jeunesse givetoise quand nous partîmes.

Mais, si nous avons enfreint pour un moment aussi spontané qu'incompréhensible, et en insensés, le beau mouvement de la sainte liberté, qui nous faisait agir sans ordres, et qu'un changement de gouvernement fût venu, la mort ou l'exil nous attendait. Et qu'aurions-nous pu dire pour notre défense au conseil de guerre? Rien ; car il n'y a point eu complot ni préméditation, car nous nous étions levés purs comme le soleil, de toute idée de révolte et d'indiscipline : il n'y eut en nous qu'un seul mouvement qu'on pourrait nommer, avec justice, étincelle électrique du feu sacré de liberté, qui nous faisait agir. Mais, si ce cri de liberté s'est fait sentir dans nos jeunes cœurs, soldats de la France, nous n'avons jamais, une heure seulement, enfreint les devoirs sacrés de la discipline militaire, qui doit caratériser et faire la force du soldat français : nos certificats et nos chefs peuvent l'attester.

L'amour de la liberté, du progrès, et, par-dessus tout, le désir d'être utile à cette société, qui m'a reçu dans son sein avec tant de désintéressement, ne sont-ils pas assez de stimulants, pour qu'à mon tour je lui rende, par mes idées régénératrices, tout le bien que j'en ai reçu, comme celui qui meurt sur la brèche pour une cause aussi sainte, qu'il ne peut accomplir. J'ai porté à la connaissance publique tout ce que mon expérience m'a fait entrevoir d'utile pour soulager la misère qui écrase depuis si longtemps le malheureux ouvrier.

Citoyens Représentants, plus de phrases ni de discours qui ne font que perdre un temps précieux ; que toutes vos interpellations cessent donc, un peu moins d'orgueil et plus de courage en face de la misère, qui, chaque jour, chaque heure, tue le peuple. Tranchez sagement mais hardiment dans les réformes sociales ; car c'est de là seulement que coulera la source qui doit régénérer la société tout entière. Que le grand acte humain s'accomplisse donc, et malheur à l'insensé qui, par un fatal aveuglement, s'opposerait à ce bienfait, aux sourdes oreilles et aux obstinés qui fermeraient les yeux quand on leur montre le remède salutaire et applicable à tous les maux ; car c'est la justice des hommes, jointe à celle de Dieu, qui s'accomplit ; il assumerait alors sur sa tête un terrible châtiment.

A vous donc hommes de progrès qui représentez la société, de réaliser, pour son bonheur, les réformes que je vous soumets ; car vous êtes la seule force à pouvoir les faire accepter au pays. En cela vous aurez rempli, avec la plus bienveillante sollicitude, ces mots immortels qui décorent le fronton de notre constitution et nos édifices publics : *Liberté*, *Égalité*, *Fraternité*, *Solidarité*.

Gloire à vous quand vous aurez fait accepter tout ce que je vous soumets, c'est alors que vous aurez bien mérité de la patrie, Assemblée législative !

Salut et fraternité.

F. THERMAC,

Ex-enfant de troupe, orphelin trouvé sur le champ de bataille,
petit marchand de bimbloterie, à Lyon, rue Romarin, n° 4.

Lyon, Imprimerie de Redanet et Comp., rue de l'Archevêché, 8.